YR EISTEDDFOD GENEDLAETHOL

GŴYL ddiwylliannol sy'n cael ei chynnal yn ystod wythnos gyntaf mis Awst bob blwyddyn yw'r Eisteddfod Genedlaethol. Mae'n cychwyn ar fore dydd Sadwrn ac yn gorffen ar nos Sul yr wythnos wedyn gyda Chymanfa Ganu fawreddog. Daw tua 160,000 o ymwelwyr i'w maes, ac am yr un wythnos honno maes yr Eisteddfod Genedlaethol yw prifddinas ddiwylliannol Cymru, lle bydd miloedd o bobl o Gymru a thu hwnt yn treulio eu gwyliau haf. Gŵyl gystadleuol ydyw yn ei hanfod yn llawn o ddawnsio, llenydda a chanu lle bydd rhyw 6,000 yn dod i gystadlu; yr Eisteddfod yw'r ŵyl fwyaf yn Ewrop.

Mae maes yr Eisteddfod yn mesur tua 30 erw ac yn llawn stondinau a phebyll di-ri, gan gynnwys y Babell Lên, Theatr y

THE NATIONAL EISTEDDFOD

THE National Eisteddfod of Wales is a cultural festival held during the first week of August every year. It starts on a Saturday morning and ends eight days later with a celebratory religious service of hymn singing. During that time the National Eisteddfod is the cultural capital of Wales, and some 160,000 people flock from every corner of the nation to the Eisteddfod site – many people spend their summer holiday there. The National Eisteddfod is essentially a competitive festival including dance, creative writing, recitation and song – the largest in Europe – and it attracts over 6,000 competitors from Wales and beyond.

The Eisteddfod site measures 30 acres. It is jam packed with stalls, tents and marquees, including a theatre, the literature tent, the

Y Meuryn yn llywio sesiwn yn y Babell Lên

A poetry competition in the literature tent

Maes, Pabell y Dysgwyr, a'r Pafiliwn Celf a Chrefft. Yr arddangosfa gelf a chrefft hon yw'r fwyaf yn y wlad a'r fwyaf poblogaidd hefyd. Mae'n cynnwys celfyddyd gain, cerfluniaeth, serameg, ffotograffiaeth, cerfio pren, brodwaith a ffasiwn. Yn

learners' tent and the arts and craft pavilion, which exhibits the very best of Welsh art. This exhibition includes pieces of fine art, sculptures, ceramics, photography, woodcarving, embroidery and fashion. As if this wasn't enough, there are another 300

ogystal â hyn oll mae tua 300 o stondinwyr eraill ar y maes yn cynnwys stondinau mudiadau, enwadau crefyddol ac undebau gwahanol; sefydliadau cenedlaethol; elusennau a chymdeithasau o bob math, a gwerthwyr llyfrau, crefftau a nwyddau eraill hefyd. Yn ogystal, darperir bwydydd o bob math i'r holl ymwelwyr, yn amrywio o baned o de a chacen i ddysglaid o nwdls a chyri! Mae'r maes pebyll a charafannau yn ymestyn dros 110 erw o dir ac fe fydd yn orlawn bob blwyddyn.

Ceir rhywbeth at ddant pawb yn yr Eisteddfod ac mae canran uchel o'r ymwelwyr yn bobl ifanc rhwng 15 a 25 oed. Mae Pabell Roc brysur a swnllyd ar y prif faes a chynhelir gigs gyda'r nos – yn

stalls, including various unions, religious denominations, national institutions, charities, societies and book and craft-sellers too. Of course, all these Eisteddfod-goers must eat, and it's possible to have anything from a cup of tea and cake to a plateful of curry and noodles! A caravan and camping site extends over a further 110 acres and is always crammed with people.

There's something for everyone at the Eisteddfod – a high percentage of visitors are aged between 15 and 25. There's a large, noisy Rock Tent in the Eisteddfod site where gigs are held throughout the day and more gigs are held at various local venues every night, including the Eisteddfod's own youth site, Maes B.

Meic Stevens yn gigio ym Maes B

Meic Stevens plays a set in Maes B

cynnwys bandiau gorau Cymru – ar faes ieuenctid arbennig, Maes B. Mae bandiau enwog fel Catatonia, Gorky's Zygotic Myncis a Super Furries i gyd wedi chwarae yn yr ŵyl hon.

Mae'r Eisteddfod yn fwrlwm o gyffro, a'r Pafiliwn mawr yw canolbwynt yr ŵyl. Gall dros 4,000 o bobl wylio cystadlu brwd a safonol bob dydd yno, a chyda'r nos cynhelir cyngherddau o ansawdd uchel lle ceir cantorion, cerddorfeydd, corau a pherfformwyr gorau Cymru'n dod ynghyd. Mae'r cystadlu'n digwydd o ddeg y bore hyd at chwech yr hwyr, ond cynhelir rhagbrofion cyn hynny a dim ond y tri gorau sy'n cyrraedd y llwyfan. Cystadlodd rhai o artistiaid enwocaf Cymru yn yr ŵyl hon, gan gynnwys Bryn Terfel, y canwr opera byd-enwog, a Shân Cothi, sy'n canu yn y West End.

The best Welsh bands, including Catatonia, Gorky's Zygotic Mynci and The Super Furries have all played at the Eisteddfod.

The Eisteddfod abounds with excitement, and at its heart is the great festival Pavilion. Over 4,000 people can sit and watch competitions every day, and excellent concerts every evening which showcase the very best Welsh orchestras, choirs and soloists. Competitions start at ten o'clock in the morning and end at about six each night, but preliminary tests are held so only the three best competitors appear in the final on the main Pavilion stage. Some of Wales's most famous artists have performed here, including Bryn Terfel, the world-renowned opera singer, and Shân Cothi, who sings in London's West End.

Mae'r cystadlaethau llên wedi cynhyrchu talent pwysig ac enwog hefyd a phrif ffigurau llenyddiaeth Gymraeg yr ugeinfed ganrif wedi ennill yno: beirdd fel T.H. Parry-Williams, Gwenallt, Dic Jones a Gerallt Lloyd Owen, a llenorion sy'n cynnwys Kate Roberts, Islwyn Ffowc Elis, Eigra Lewis Roberts a Dafydd Rowlands. Mae gwaith y bardd neu'r llenor buddugol – a beirniadaeth ar y gwaith – yn cael ei gyhoeddi yn y *Cyfansoddiadau a Beirniadaethau.*

Yr Eisteddfod Genedlaethol yw un o wyliau hynaf Prydain – mae bron â bod yn fil o flynyddoedd oed. Cynhaliwyd y cyfarfod eisteddfodol cyntaf yng nghastell Aberteifi; mae hen lawysgrif *Brut y Tywysogion* yn sôn am 'wledd arbennig' a gynhaliwyd yno yn 1176. Flwyddyn cyn i'r wledd ddigwydd, cyhoeddodd yr Arglwydd Rhys ei fwriad i'w chynnal, a gwahoddodd feirdd a cherddorion o bob cwr o Gymru i gystadlu. Mae'r arfer o gyhoeddi Eisteddfod flwyddyn ymlaen llaw yn parhau hyd heddiw.

Roedd Eisteddfod Aberteifi yn 1176 yn gyfarfod gwahanol iawn i'r ŵyl rydyn ni'n gyfarwydd â hi heddiw. Ennill cadair mewn

The Festival is also noted for promoting Welsh literary talent. Most of the main literary figures of the twentieth century have won Eisteddfod prizes: winners include poets T.H.Parry Williams, Gwenallt, Dic Jones and Gerallt Lloyd Owen and authors Kate Roberts, Islwyn Ffowc Ellis, Eigra Lewis Roberts and Dafydd Rowlands. The winning writers have their work – and the adjudication upon them – published in a booklet of Compositions and Adjudications.

The Eisteddfod is one of the oldest festivals in Britain – almost one thousand years old. The first bardic tournament was held at Cardigan Castle; a 'special feast' held there in 1176 is mentioned in an old manuscript, *Brut y Tywysogion* (*The Chronicle of the Princes*). A year prior to this meeting, Lord Rhys had proclaimed that a bardic tournament would take place, and had invited bards and minstrels from all over Wales to compete. The tradition of proclaiming an Eisteddfod a year in advance is still with us today.

Lord Rhys's Cardigan Eisteddfod of 1176 was very different to today's festival. The purpose of the competition was to win

llys oedd pwrpas y cystadlu; trwy ennill cadair roedd bardd yn ennill yr hawl hollbwysig i ganu clodydd y Brenin. I fardd, roedd ennill cadair yn gyfystyr â chael swydd. Mae Cyfraith Hywel Dda yn sôn am yr arfer hefyd, er na ddaeth y gair 'eisteddfod' i fod tan y 15fed ganrif.

Cynhaliwyd tair Eisteddfod bwysig yn y bymthegfed ganrif a'r unfed ganrif ar bymtheg. Roedd y gyntaf yng Nghaerfyrddin tua 1450 a'r ddwy arall yn y gogledd, yng Nghaerwys, yn 1523 a

a chair of honour in the court of a wealthy nobleman. By winning a chair, the bard won the privilege to sing a nobleman's praise – this was crucial, because it was akin to securing employment. The old Welsh laws refer to the importance of this tradition, although the word 'eisteddfod' wasn't used until the 15th century.

Three important bardic tournaments were held in the 15th and 16th centuries, the first in Carmarthen around 1450 and the others in Caerwys, north Wales, in

Llawysgrif *Brut y Tywysogion* (ar y chwith) a *Statud Gruffydd ap Cynan* yn sôn am wreiddiau'r Eisteddfod.
Two manuscripts which mention the birth of the Eisteddfod – *The Lives of the Princes* (on the left) and *The Statute of Gruffydd ap Cynan.*

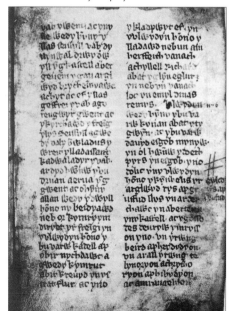

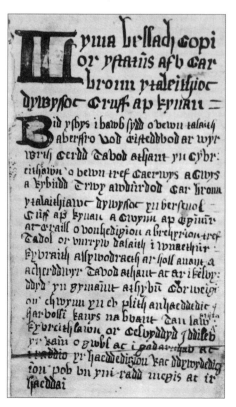

1567. Prif fwriad Eisteddfod Caerfyrddin oedd trafod dulliau o gael gwared ar feirdd amatur a oedd yn bygwth statws a gwaith y beirdd proffesiynol. Yn Eisteddfod Gyntaf Caerwys yn 1523 ceisiwyd ateb y broblem hon trwy ddwyn trefn ar y beirdd wrth roi leisans arbennig i feirdd a cherddorion yn ôl eu statws a'u cymwysterau. Y papur leisans hwn oedd yn rhoi hawl i fardd foli Arglwydd neu uchelwr mewn llys. Ceisiodd Ail Eisteddfod Caerwys yn 1567 gadarnhau'r drefn newydd. Roedd rôl y bardd yn ddiogel, ond ddim am hir. Yn sgil Deddfau Uno Harri'r VIII yn 1536 dechreuodd uchelwyr droi cefn ar ddiwylliant y Cymry; mwyach doedd beirdd a'u barddoniaeth fawl ddim mor bwysig iddynt.

Creadigaeth y ddeunawfed ganrif yw'r Eisteddfod Genedlaethol fodern. Cynhelid Eisteddfodau'r Almanaciau mewn tafarndai ar ddechrau'r ganrif honno ond doedd dim llawer o lewyrch na chefnogaeth iddynt – pump o feirdd a ddaeth i gystadlu yn Eisteddfod Machynlleth yn 1701 ac un 'proffeswr cerdd' a ddaeth i Lanidloes yn 1772. Penderfynodd y Gwyneddigion, cymdeithas ffasiynol yn Llundain, osod

1523 and 1567. The main purpose of the first Carmarthen Eisteddfod was to discuss ways to curb the activities of amateur bards accused of bringing the profession into disrepute. The eisteddfod held in Caerwys in 1523 attempted to solve this problem by issuing special licences to poets and musicians according to their staus and qualifications. These licences accorded the professional poets sole rights to praise noblemen. The Eisteddfod of 1567 reaffirmed the new order. The role of the bard was briefly safeguarded, but Henry VIII's Act of Union in 1536 saw the eisteddfodau decline as wealthy noblemen turned their backs on Welsh culture, bardic patronage and Wales itself.

The modern National Eisteddfod is essentially an 18th-century creation. A series of eisteddfodau referred to as the Almanac Eisteddfods, so called because they were advertised in cheap and popular Almanacs that were widely circulated at the time, were held in various taverns throughout Wales but weren't well supported. For example, only five bards competed in Machynlleth in 1701 and only one turned up in Llanidloes in 1772. Because it was failing, the

trefn ar yr Eisteddfod hon a chreu cyfundrefn nawdd unwaith eto. Roeddent hwy eisiau i'r Eisteddfod gael ei chyhoeddi flwyddyn ymlaen llaw, i feirdd gystadlu dan ffugenwau ac i'r bardd buddugol gael ei gadeirio ac eistedd yng nghadair y pencerdd gydol yr Ŵyl.

Y garreg filltir nesaf oedd cyflwyno'r Orsedd i'r Ŵyl. Yn rhyfedd iawn, yn Llundain yn 1792 y cynhaliwyd y cyfarfod cyntaf. Bu'n rhaid aros hyd at 1819 i'r Orsedd ddod am y tro cyntaf i Gymru, pan gynhaliwyd cyfarfod arbennig iawn yng ngwesty'r Llwyn Iorwg yng Nghaerfyrddin.

Gwyneddigion —a fashionable Welsh Society in London—came to the rescue of the ailing Eisteddfod, taking on its organisation and becoming its patron. They dictated that from their involvement onwards the Eisteddfod would be proclaimed a year in advance, bards would compete under nom de plumes and the successful bard would be chaired, and would hold that chair during the festival week.

The next milestone in the Eisteddfod's history is the introduction of the Gorsedd. Surprisingly, the Gorsedd was first seen in London in 1792, and made its first

Ffenest liw a osodwyd yng ngwesty'r Llwyn Iorwg, Caerfyrddin, adeg Eisteddfod 1974, i goffáu ymweliad cyntaf yr Orsedd â Chymru.

The stained glass window in the Ivy Bush Hotel, Carmarthen, installed in 1974 to comemmorate the first Gorsedd assembly in Wales.

Yn cymryd rhan yn yr Eisteddfod honno roedd Iolo Morganwg a chymdeithas o'r enw 'Gorsedd Beirdd Ynys Prydain' a'i haelodau'n feirdd a cherddorion yn gwisgo gynau derwyddol wrth orymdeithio drwy'r dref. Iolo Morganwg oedd un o ysgolheigion mwyaf egsentrig Cymru ac roedd e'n ymdroi yng nghylchoedd diwylliannol ffasiynol Llundain ar y pryd. Roedd yr Eisteddfod wedi tyfu ond nid oedd eto yn ŵyl fawreddog na chenedlaethol. Gobaith Iolo Morganwg oedd codi statws yr Eisteddfod a dangos i weddill y byd bod hen ddiwylliant Celtaidd yn perthyn i'r Cymry. Honnodd fod gan y Cymry ddefodau derwyddol ac mai'r Cymry felly oedd gwarcheidwaid y Celtiaid, a chyflwynodd ddogfennau a thystiolaeth helaeth i brofi hynafiaeth y Cymry. Yn anffodus, ffugiadau oedd y cwbl. Darganfuwyd y celwydd ar ddechrau'r ugeinfed ganrif ond erbyn hynny

appearance in Wales in 1819 in a special ceremony at the Ivy Bush hotel, Carmarthen. Taking part in that meeting was Iolo Morganwg and a society calling itself the Gorsedd of Bards of the Isle of Britain, a society of poets and musicians who marched in full Druidic regalia through Carmarthen town. Iolo Morganwg was one of Wales's most eccentric scholars who mingled with the fashionable London society of the time. Although the Eisteddfod had grown, it still wasn't a National festival illustrating the wealth of culture, heritage and antiquity in Wales. Iolo Morganwg hoped to raise the profile of the Welsh by linking them with ancient Druids and claiming that they were guardians of the Celtic tradition. He claimed that druidic rituals belonged to the Welsh, the guardians of the Celts, and he presented documentation and evidence in a bid to substantiate his claims. Unfortunately it was

penderfynwyd cadw rôl ac urddas yr Orsedd yn yr Eisteddfod. Mae'r berthynas rhwng yr Eisteddfod a'r Orsedd yn agos hyd heddiw.

Cynhaliwyd yr ŵyl gyntaf ar ei gwedd bresennol yn Aberdâr, De Morgannwg, yn 1860 a sefydlwyd Cymdeithas yr Eisteddfod Genedlaethol yn fuan ar ôl hynny, ym 1880. O hynny ymlaen penderfynwyd cynnal yr Eisteddfod bob blwyddyn yn ddi-ffael rhwng y De yn ail â'r Gogledd. Ac eithrio yn 1914, pan fu'n rhaid ei gohirio, a 1940, pan fu'n rhaid bodloni ar Eisteddfod Radio, aeth yr Eisteddfod fodern rhagddi'n ddi-fwlch tan heddiw.

Daeth y bardd Albert Evans-Jones, neu Cynan, yn y 1930au i osod trefn ar yr Orsedd a'i seremonïau a gosod stamp mwy theatrig arnynt. Yr Orsedd erbyn hyn sy'n gyfrifol am brif seremonïau'r Ŵyl a'i greadigaeth ef yw Gorsedd y Beirdd fel y mae heddiw. Heb os, dyddiau'r seremonïau gwobrwyo yw dyddiau mwyaf poblogaidd yr Ŵyl ac ar y dyddiau hyn mae'r maes yn orlawn a'r pafiliwn dan ei sang.

Y seremonïau mwyaf poblogaidd yw seremoni'r Coroni ar gyfer y casgliad

all fake. This deceit remained hidden until the start of the twentieth century but by then it was decided that the Gorsedd should remain a part of the Eisteddfod. It still plays an integral part in the festival today.

The first Eisteddfod to be held in its current form was Aberdare in 1860. The Eisteddfod Association was formed relatively soon after that in 1880 and from then onwards the Eisteddfod became an important cultural festival to be held each year alternatively between South and North Wales. To this day the Eisteddfod has been held each year apart from 1914 when it was cancelled and 1940 when a Radio Eisteddfod was held in its place.

In the 1930s the poet Albert Evans-Jones, known as Cynan, put his own theatrical stamp on the proceedings. The modern-day Gorsedd – essentially Cynan's own creation – is totally responsible for all the main ceremonies held today. These colourful award ceremonies are the most popular events of the festival and on these days the Eisteddfod site and the pavilion are jam-packed.

The most popular ceremonies are the Crowning and Chairing of the Bard and the

gorau o gerddi, seremoni'r Fedal Ryddiaith am y darn gorau o ryddiaith a seremoni'r Cadeirio ar gyfer y gerdd gaeth orau. I lawer, seremoni'r cadeirio yw uchafbwynt yr Eisteddfod. Mae'r Gadair yn wobr am y gerdd orau – heb fod dros 300 llinell – sydd wedi ei chyfansoddi yn y mesurau barddol traddodiadol Cymraeg, y *gynghanedd*. Dim ond yn y Gymraeg mae'r *gynghanedd* yn bod. Mae'n ddull cymhleth a chlyfar iawn o farddoni sy'n cynnwys cyfateb cytseiniaid mewn gwahanol ffyrdd ym mhob llinell; mae'n hen, hen ddull o ganu. Mae'n rhaid ymweld â'r Eisteddfod Genedlaethol ar ddiwrnod seremoni. Mae'r maes a'r pafiliwn yn llawn cyffro. A fydd teilyngdod? A fydd cadeirio neu goroni?

award of the Literary Medal. The Crown is awarded to the composer of the best volume of poetry; the Literary Medal is awarded to the winner of the Prose competition; and the Chair is awarded for the best long poem written in traditional 'cynghanedd', a metrical consonance unique to the Welsh. This ancient and complex form of poetry entails the correlation of consonants and sounds in varying forms according to specific strict metre rules. It is definitely worth visiting the Eisteddfod on a day that a ceremony is held. The busy Eisteddfod site is gripped by an air of expectancy and the Pavilion is full to the rafters. Will there be a winner? Will the spectacular ceremony take place?

Mae aelodau'r Orsedd yn llanw'r llwyfan yn eu gwisgoedd gwyrdd, glas a gwyn a'r dorf yn distewi wrth i'r Archdderwydd godi ar ei draed i ddatgelu enw'r buddugol. Mae'r seremoni sy'n dilyn yn wefreiddiol. Daw dau aelod o'r Orsedd i ganu utgyrn y Cyrn Gwlad er mwyn galw'r bobl ynghyd i ddathlu. Cenir gweddi'r Orsedd cyn i'r Archdderwydd sefyll ynghanol y llwyfan a thynnu ei gleddyf o'i wain a gofyn i'r gynulleidfa deirgwaith, 'A oes Heddwch?' Yr ateb bob tro yw 'Heddwch!'

Cyflwynir corn hirlas i'r bardd neu'r llenor buddugol gan fam ifanc sydd wedi ei dewis i gynrychioli'r fro. Mae hi'n

The Gorsedd of Bards fill the stage, each member wearing blue, green or white robes. A hush descends in the Pavilion as the Archdruid steps to the front of the stage and reveals the name of the winner. The ceremony that follows is exhilarating. Two trumpeters play a fanfare to call people of the four corners of the land together to celebrate. The Gorsedd prayer is sung before the Archdruid moves to the centre of the stage. He withdraws his grand sword from its sheath and asks the audience three times if there is Peace? The answer every time is 'Peace'.

A mother, chosen to represent her local community, presents the Horn of

croesawu'r buddugol 'i yfed o win ein croeso' cyn i un o ferched ifanc y fro gyflwyno Blodeuged 'o dir a daear Cymru' iddo. Yn eu dilyn hwy mae plant bro'r Eisteddfod yn dawnsio'r Ddawns Flodau.

Mae gwisg a seremoni'r Orsedd yn destun edmygedd ar draws y byd. Mae gan yr Archdderwydd – sef pennaeth yr Orsedd sy'n cael ei ethol am dair blynedd – ei goron, ei deyrnwialen a'i ddwyfronneg arbennig ei hun ac mae gan yr Orsedd faner arbennig hefyd. Cyfrifoldeb yr Orsedd yw cyhoeddi'r Ŵyl a chynhelir cyfarfod arbennig ar ddydd Sadwrn yn ystod wythnos gyntaf mis Gorffennaf bob blwyddyn. Daw'r Orsedd ynghyd ger y meini llog i roi blas o'r Ŵyl i drigolion yr

Plenty to the winner. She urges the winner 'to drink of the wine of our welcome'. A young woman from the area presents the winner with a basket of flowers 'from the land and soil of Wales'. Young local girls then dance the Floral Dance, a dance based on gathering flowers from the fields.

The Gorsedd's regalia, pomp and ceremony are admired throughout the world. The Archdruid – the head of the Gorsedd, elected every three years – has his own spectacular robe made up of a gold crown, sceptre and breastplate and the Gorsedd has its own banner too. The Gorsedd is responsible for proclaiming the festival at a meeting held during the first week of July every year when members

ardal. Ni ellir cynnal Eisteddfod oni bai ei bod yn cael ei chyhoeddi flwyddyn a diwrnod ymlaen llaw gan yr Orsedd.

Sefydliad Cymreig yw'r Orsedd ac mae ei haelodau yn cynnwys beirdd, llenorion, artistiaid, cerddorion ac unigolion sydd wedi gwneud cyfraniad pwysig i Gymru. Mae modd dod yn aelod o'r wisg werdd neu'r wisg las trwy arholiad ond dim ond trwy anrhydedd y ceir mynediad i'r wisg wen. Mae cael eich derbyn i'r Orsedd yn fraint – bron fel cael OBE neu gydnabyddiaeth debyg, a does dim cysylltiad rhwng yr Orsedd a chrefydd y Derwyddon erbyn hyn. Yn wir, mae sawl Archdderwydd wedi

convene around the Gorsedd Stones. An Eisteddfod can't take place unless the Gorsedd proclaims it at least a year and a day in advance.

The Gorsedd is a Welsh institution whose members consist of bards, writers, artists, musicians and individuals who have made a significant contribution to Welsh culture and society. It is possible to become a member of the green or blue orders through examination but white robed members join by invitation only; being accepted to the Gorsedd is an honour – a little like receiving an OBE. It has no connection with druidic religion; indeed, many Archdruids have been

Yr Archdderwydd ar y Maen Llog.   The Archdruid on the central stone.

Y Seremoni Gyhoeddi gan William Grant Murray.

The Proclamation Ceremony by William Grant Murray.

bod yn weinidogion capeli! Ymhlith aelodau enwog yr Orsedd mae cricedwr tîm Morgannwg a Lloegr, Robert Croft, a'r darlledwr Roy Noble. Mae'r teulu brenhinol wedi ei anrhydeddu hefyd. Daeth y Frenhines yn aelod yn Eisteddfod Aberpennar yn 1946 ac anrhydeddwyd ei gŵr yng Nghaerdydd yn 1960.

Iaith swyddogol yr Orsedd a'r Eisteddfod erbyn hyn yw'r Gymraeg – er i'r Eisteddfod gael ei chynnal yn Lloegr sawl gwaith, a hyd yn oed yn Chicago un tro! Er mwyn gwarchod iaith hynaf Gogledd Ewrop cyflwynwyd rheol iaith yn 1937. Oherwydd yr Ail Ryfel Byd ni chafodd ei gweithredu hyd nes 1950. Mae pob cân ym mhob cyngerdd yn cael ei chanu trwy

chapel ministers! Famous Gorsedd members include broadcaster Roy Noble, and Glamorgan and England cricketer Robert Croft. Members of the Royal Family are honorary members too. The Queen became a member in the Mountain Ash Eisteddfod held in 1946 and Prince Phillip was honoured in the Cardiff Eisteddfod in 1960.

The official language of the Gorsedd and the Eisteddfod today is Welsh – although the Eisteddfod has been held in England many times, and even visited Chicago once! One of its main purposes is to safeguard the Welsh language and a Welsh-only rule was introduced in 1937, although, because of the Second World War, it wasn't endorsed until 1950. Every

gyfrwng y Gymraeg ac mae arwyddion y maes i gyd yn y Gymraeg hefyd. Ond mae drysau'r Eisteddfod Genedlaethol ar agor i bawb o bob iaith a phob gwlad. Nid yw'r

song in every concert is sung in Welsh and the signs on the Eisteddfod site are all in Welsh too. Yet the Eisteddfod door is open to people from every corner of the

Fel y dengys y rhaglen hon, ni chynhaliwyd pob Eisteddfod yng Nghymru, ac nid oedd y Rheol Gymraeg mewn grym tan yn ddiweddar.

As this programme shows, not all Eisteddfods were held in Wales, and the Welsh Rule is a recent introduction.

mwyafrif o'i gweithgareddau'n gyfyngedig i iaith: wedi'r cwbl mae iaith cerddoriaeth, dawns, celf a chrefft yn rhyngwladol. Serch hynny, darperir cyfleusterau cyfieithu ar gyfer y di-Gymraeg yn rhad ac am ddim ac mae rhaglenni'r Ŵyl yn cynnwys crynodebau Saesneg.

Nid y Genedlaethol yw'r unig Eisteddfod yng Nghymru, wrth gwrs; mae llu o bentrefi ledled Cymru'n cynnal eisteddfod sydd yn para diwrnod neu ddau, a rhai o'r enwocaf yw Pontrhydfendigaid, Aberteifi ac Eisteddfod Pantyfedwen, Llanbedr Pont Steffan. Mae Urdd Gobaith Cymru'n

world whatever language they speak. The majority of events are not confined to language: the language of music, dance and art is an international one. Nevertheless, a free translation service is available for non-Welsh speakers and the festival programmes all contain English summaries.

The National isn't the only Eisteddfod in Wales, of course; villages all over the country hold local eisteddfods which last a day or two, and some of the most famous are held at Pontrhydfendigaid, Cardigan and Lampeter. The national League of Youth holds a week-long eisteddfod in May every year, called the Urdd Eisteddfod, exclusively for competitors aged between

Côr Pensiynwyr Pontarddulais yn ennill eto! Pontarddulais Pensioners Choir win again!

cynnal Eisteddfod fawr am wythnos ym mis Mai bob blwyddyn yn arbennig ar gyfer pobl ifanc a phlant rhwng 5 a 25 oed, sef Eisteddfod yr Urdd. Mae'n rhaid ennill rowndiau rhanbarthol a chystadlu mewn rhagbrofion ar y diwrnod cyn cyrraedd llwyfan y pafiliwn. Mae'r Urdd yn cynnwys yr un math o gystadlaethau canu, adrodd a dawnsio, a seremonïau'r Fedal Ryddiaith, Tlws y Cerddor, y Cadeirio a'r Coroni yw ei huchafbwyntiau hi hefyd. Yr Urdd yw'r ŵyl ieuenctid fwyaf yn Ewrop ac, fel y Genedlaethol, mae'n cael ei chynnal trwy gyfrwng y Gymraeg er mwyn gwarchod yr iaith.

Cynhelir Eisteddfod fawr arall yng Nghymru hefyd, Eisteddfod Ryngwladol Llangollen. Cynhaliwyd y gyntaf yn 1947 a bwriad yr Eisteddfod honno oedd hybu heddwch trwy gân ar ôl blynyddoedd o ryfela. Mae Eisteddfod Ryngwladol Llangollen yn denu tua 2,500 o gystadleuwyr o 40 o wledydd ac yn cael ei chynnal ym mis Gorffennaf bob blwyddyn.

Ond heb os, yr Eisteddfod Genedlaethol yw'r Eisteddfod fwyaf. Dyna pam mae hi'n

5 and 25. Every competitor, individual or group must win regional heats before qualifying for a stage performance in the Pavilion. This Eisteddfod is similar to the National Eisteddfod. Dancing, singing and recitation are some of the competitions held, and once again the chairing and the crowning ceremonies are the highlights of the week. The Urdd is the largest youth festival in Europe, and similar to the National Eisteddfod, it is held entirely through the medium of Welsh.

Another Eisteddfod to take place in Wales is the International Music Eisteddfod, held in Llangollen. It began in 1947 and its intention was to promote peace through song after years of war. Llangollen International Eisteddfod attracts around 2,500 competitors from 40 different countries. It is held in July every year. The National Eisteddfod, though, is without doubt the largest festival of its kind in Wales. It is also considered to be one of the largest folk festivals in the world and also the largest touring festival in the world.

cael ei hystyried yn un o wyliau mawr y byd.

Gŵyl sy'n newid ei safle bob blwyddyn yw'r Eisteddfod Genedlaethol, gan symud rhwng lleoliadau gwahanol yn ne a gogledd Cymru bob blwyddyn. Mae'r ffaith bod ei chartref yn newid o flwyddyn i flwyddyn o amgylch Cymru wedi bod yn bwnc llosg oherwydd ei chost a'i maint anferthol hi ac mae cost yr Eisteddfod fodern yn ddigon i godi arswyd ar unrhyw un. Bob blwyddyn mae'n costio tua £2.1 miliwn o bunnoedd i'w llwyfannu ac mae disgwyl i'r Awdurdod Lleol gyfrannu £300,000 at ei chostau hi, a hynny o gymharu â chyfraniad o £80,000 gan Awdurdod Lleol Caeredin at ei Gŵyl Ryngwladol hi.

Mae nawdd yn dal i fod yn bwysig ond cymunedau lleol sy'n cyfrannu'r rhan

The venue of the National Eisteddfod alternates between North and South Wales each year and therefore has no permanent home. There has been much debate on this issue mainly because of the size of the festival but also because of its staggering cost – around a colossal £2.1 million to stage each year. The Local Authority that hosts the festival is expected to contribute to the cost, to the tune of £300,000. This is a huge amount when compared to the £80,000 that Edinburgh Local Authority is expected to contribute to its International Festival each year.

Sponsorship remains very important, but the local communities that host the event bear the lion's share of the financial burden, contributing hundreds of thousands of pounds through tireless fundraising. But it is

helaethaf o'r arian i goffrau'r Ŵyl a hynny drwy gynnal gweithgareddau di-ri. Ond wrth deithio o le i le mae modd sicrhau bod pawb yng Nghymru yn cael cyfle i gymryd rhan a bod traddodiadau Cymreig a diwylliant hefyd yn cyrraedd pob cwr o'r wlad. Dyma sy'n ei gwneud yn ŵyl wirioneddol genedlaethol ac yn ŵyl sy'n destun edmygedd ar draws y byd.

Yr Eisteddfod Genedlaethol yw'r ŵyl sydd â'r nifer uchaf o weithwyr gwirfoddol yn gweithio iddi trwy gydol y flwyddyn hefyd. Mae 300 o wirfoddolwyr yn rhoi o'u hamser yn rhad ac am ddim mewn pwyllgorau lleol a chenedlaethol. Yn ystod wythnos yr Ŵyl, bydd dros fil o wirfoddolwyr ychwanegol yn gweithio iddi. Yn ystod wythnos yr Eisteddfod mae tîm o tua 400 o stiwardiaid yn gweithio bob awr o bob dydd er mwyn cadw trefn ar weithgareddau'r maes. Mae croeso i bawb helpu.

'Croeso' yw gair allweddol yr Ŵyl ac mae'n rhan annatod o fywyd y genedl. Mae'n ddrych o etifeddiaeth ddiwylliannol y Cymry ac yn sicr byddai Cymru a chalendr gwyliau'r byd yn dlotach hebddi.

important that the festival continues to visit as many Welsh regions as it can giving everyone in the country a chance to experience Welsh culture first hand. The fact that it is a touring festival makes it a truly National Festival, a festival that is admired throughout the world.

The National Eisteddfod has more volunteers working for it during the year than any other arts festival. 300 volunteers freely give of their time and expertise on local and national committees. During the festival week too, well over a thousand more volunteers will help. During the Eisteddfod week a team of 400 stewards works around the clock to ensure that everything runs smoothly. Help is always needed and anybody wishing to do so is more than welcome to contact the Eisteddfod. Volunteering guarantees free entry to the festival.

'Croeso', which means welcome, is the key word to the National Eisteddfod of Wales. It is a world famous festival and one that plays an integral part in the life of the Welsh nation. One thing is certain: Wales and the festival calendar of the world would be poorer without it.

Dymuna'r cyhoeddwyr ddiolch i Betsan Wyn Williams ac Eisteddfod Genedlaethol Cymru am eu cydwethrediad wrth ddarparu lluniau ar gyfer y gyfrol hon. Yn ogystal diolchir i:

The publishers wish to thank Betsan Wyn Williams and The National Eisteddfod of Wales for their co-operation with the photographs for this book. Thanks also to:

Llyfrgell Genedlaethol Cymru; Oriel Glynn Vivian, Abertawe; Gwesty'r Llwyn Iorwg, Caerfyrddin
The National Library of Wales; Glynn Vivian Art Gallery, Swansea; Ivy Bush Hotel, Carmarthen

Cyhoeddir fel rhan o gyfres gomisiwn *Cip ar Gymru* Cyngor Llyfrau Cymru.
Published in the *Wonder Wales* series commissioned by the Welsh Books Council.

ⓗ Gwasg Gomer 2001 ©

ISBN 1 84323 030 5

Eisteddfod

GENEDLAETHOL CYMRU

24